BEI GRIN MACHT SICH IHR WISSEN BEZAHLT

- Wir veröffentlichen Ihre Hausarbeit, Bachelor- und Masterarbeit
- Ihr eigenes eBook und Buch - weltweit in allen wichtigen Shops
- Verdienen Sie an jedem Verkauf

Jetzt bei www.GRIN.com hochladen und kostenlos publizieren

Dominik Amersdorffer

Die Ergebnisse der World Vision Kinderstudie 2010. Ein Vergleich mit dem Capability Approach nach Martha Nussbaum

GRIN Verlag

Bibliografische Information der Deutschen Nationalbibliothek:

Die Deutsche Bibliothek verzeichnet diese Publikation in der Deutschen Nationalbibliografie; detaillierte bibliografische Daten sind im Internet über http://dnb.d-nb.de/ abrufbar.

Dieses Werk sowie alle darin enthaltenen einzelnen Beiträge und Abbildungen sind urheberrechtlich geschützt. Jede Verwertung, die nicht ausdrücklich vom Urheberrechtsschutz zugelassen ist, bedarf der vorherigen Zustimmung des Verlages. Das gilt insbesondere für Vervielfältigungen, Bearbeitungen, Übersetzungen, Mikroverfilmungen, Auswertungen durch Datenbanken und für die Einspeicherung und Verarbeitung in elektronische Systeme. Alle Rechte, auch die des auszugsweisen Nachdrucks, der fotomechanischen Wiedergabe (einschließlich Mikrokopie) sowie der Auswertung durch Datenbanken oder ähnliche Einrichtungen, vorbehalten.

Impressum:

Copyright © 2011 GRIN Verlag GmbH
Druck und Bindung: Books on Demand GmbH, Norderstedt Germany
ISBN: 978-3-656-37513-5

Dieses Buch bei GRIN:

http://www.grin.com/de/e-book/209729/die-ergebnisse-der-world-vision-kinderstudie-2010-ein-vergleich-mit-dem

GRIN - Your knowledge has value

Der GRIN Verlag publiziert seit 1998 wissenschaftliche Arbeiten von Studenten, Hochschullehrern und anderen Akademikern als eBook und gedrucktes Buch. Die Verlagswebsite www.grin.com ist die ideale Plattform zur Veröffentlichung von Hausarbeiten, Abschlussarbeiten, wissenschaftlichen Aufsätzen, Dissertationen und Fachbüchern.

Besuchen Sie uns im Internet:

http://www.grin.com/

http://www.facebook.com/grincom

http://www.twitter.com/grin_com

Eine Betrachtung der Ergebnisse der World Vision Kinderstudie 2010 im Licht des Capability Approach nach Martha Nussbaum

Studienarbeit

Zur Veranstaltung
Kinderarmut in Deutschland - Datenquellen und Ergebnisse

Im Sommersemester 2011

An der katholischen Universität
Eichstätt-Ingolstadt

Fakultät für Soziale Arbeit

Vorgelegt von Dominik Amersdorffer

Inhaltsverzeichnis

1 Einleitung 3

2 Eine Einführung zur World Vision Kinderstudie 2010 5

3 Der Capability Approach – Kriterien für ein gutes Leben..6

4 Ein Abgleich der Kriterien von Martha Nussbaum mit den realen Verhältnissen und Vorstellungen der Kinder...............9

   4.1 Die schichtbezogene Herkunft beeinflusst die Vorstellung des zukünftigen Lebens der Kinder 9

   4.2 Die Kinder haben eine Vorstellung von einem „guten Leben", die sich mit den von Martha Nussbaum aufgestellten Kriterien deckt ...10

   4.3 Die Schichtzugehörigkeit beeinflusst die Wohnbedingungen, die Mobilität und die Ernährung der Kinder 12

   4.4 Die schichtbezogene Herkunft beeinflusst Selbstwirksamkeit und Selbstbestimmtheit der Kinder 13

5 Schluss 15

6 Literaturverzeichnis..18

1 Einleitung

Die Betrachtung einiger Ergebnisse der World Vision Kinderstudie 2010 im Licht der von Martha Nussbaum angefertigten Liste mit Kriterien zu Führung eines guten Lebens, einem Teil ihrer Fassung des Capability Approach, ist das Thema der vorliegenden Arbeit. Dabei wird besonders auf die schichtabhängige Ausprägung der Fähigkeiten, Ressourcen und Zukunftsaussichten der Kinder geachtet.

Aufgrund des hohen Einflusses auf die Lebenswelt der Kinder und somit auf die drei oben genannten Aspekte, ist Kinderarmut ein wichtiger Teil der vorliegenden Themenstellung: Im Jahr 2007 befanden sich 17,7 Prozent der deutschen Erwachsenen und Kinder bei einem Einkommen unter 60 Prozent des Bruttoinlandsprodukts und waren demnach laut Definition der Europäischen Union armutsgefährdet[1]. Darüber hinaus haben im Jahr 2009 neun Prozent der deutschen Kinder Armut erlebt, und 16 Prozent litten unter armutsbedingten Beschränkungen im Alltag[2].

Die in der Themenstellung enthaltenen Begriffe der World Vision Kinderstudie 2010 sowie der Capability Approach werden in den folgenden beiden Kapiteln kurz erläutert, wodurch ein Einblick in den Hintergrund der Thematik gegeben werden soll. Auch auf die genannte Liste und ihre Anwendung wird dabei näher eingegangen. Doch auch ohne diese elementaren Begrifflichkeiten und die mit ihnen verbundenen Problematiken an dieser Stelle zu klären, sollen vorweg die Prämissen der Arbeit festgelegt werden. Denn für die vorliegende Themenstellung und die später ausgeführten Thesen sind einige Kompromisse zu treffen.

Vorweg soll gesagt sein, dass vor allem Grafiken verwendet werden, welche auf die schichtbezogene Herkunft der Kinder eingehen. Daher wird nur ein Teil der Daten der World Vision Kinderstudie 2010 untersucht. Des Weiteren wird nicht auf entwicklungspsychologische Zusammenhänge eingegangen. Somit stellt die Ausarbeitung der Thesen keinen Anspruch auf die Klärung kausaler Zusammenhänge, soll aber einige Korrelationen und

---

[1] Vgl. Volkert/Wüst 2011, S.179
[2] Vgl. Schneekloth/Pupeter 2010a, S.81

Häufigkeiten aufzeigen, mit Hilfe derer die jeweiligen Thesen exemplarisch und zumindest theoretisch belegt werden können. Um die Schlussfolgerungen auf die Praxis anwenden zu können, wäre eine für diese Arbeit zu umfangreiche Erweiterung um empirisch belegte entwicklungspsychologische Argumente nötig.

Die angedeuteten Häufigkeiten, welche im vierten Kapitel der Arbeit beschrieben werden, beziehen sich des Öfteren auf die finanzielle Situation der Eltern beziehungsweise der Erziehungsberechtigten der Kinder. Da die grundsätzliche materielle Situation jedoch noch nichts über die haushaltsinterne Verteilung der materiellen Ressourcen aussagt, kann auch dabei nur von wahrscheinlichen Korrelationen gesprochen werden, nicht aber von Ursache-Wirkungs-Zusammenhängen[3]. Iris Sadlowski weißt noch auf zwei weitere Problematiken hin: Einerseits auf die altersabhängige Umwandlung von Ressourcen in Fähigkeiten. Des Weiteren schildert Sadlowski die sogenannte „Agency"[4] der Erwachsenen. Dabei handelt es sich um den Einsatz der Eltern oder der erziehenden Personen für das kindliche Wohlbefinden, unabhängig vom eigenen Wohlbefinden[5]. Letztere beiden Punkte sollen hier nur der Vollständigkeit halber genannt werden, da sie beide die Fähigkeiten der Kinder beeinflussen. Wie das im Einzelnen geschieht, wird hier aber nicht aufgeführt.

Was jedoch schon bei der Nennung der drei die Entwicklung der Kinder prägenden Faktoren deutlich wird, ist die große Bedeutung der Familie beziehungsweise der den Kindern nahestehenden Personen. Wie im vierten Kapitel deutlich werden wird, kann die enge Verbindung von Erziehenden und Kindern in manchen Fällen negative Auswirkungen auf die Förderung der kindlichen Potentiale haben. Nachdem dies argumentativ verdeutlicht wurde, soll die Arbeit zum Schluss noch einen kurzen Hinweis auf politische Gegenmaßnahmen bezüglich dieser Problematik geben.

---

[3] Vgl. Sadlowski 2011, S.218f.
[4] Ebd., S.215f.
[5] Vgl. ebd., S.217f.; vgl. ebd., S.226f.

2 Eine Einführung zur World Vision Kinderstudie 2010

In diesem Abschnitt der Arbeit soll kurz der Rahmen der World Vision Kinderstudie 2010 umrissen und ein Einblick in den Hintergrund und die Methoden der Studie gegeben werden. Soweit nicht anders gekennzeichnet, sind die Information hierzu der Zusammenfassung der Studie auf der Website des World Vision Institutes entnommen[6].

Nachdem im Jahr 2007 zur Erforschung der „Wahrnehmung ihrer Lebenswelten und ihres Wohlbefindens" acht- bis elfjährige Kinder in Deutschland durch die erste World Vision Kinderstudie befragt wurden, schließt die zweite Kinderstudie 2010 auch die sechs- und siebenjährigen Kinder mit ein. Neben dem erweiterten Altersspektrum hat sich die Studie zum Ziel gesetzt, das Wohlbefinden der Kinder zu erforschen und zu artikulieren, um Politik und Gesellschaft dahingehend zu verändern, dass Kinder in Entscheidungsprozesse in jeder Hinsicht miteinbezogen werden und als vollständige Akteure in denselben betrachtet werden. Neben diesen Beweggründen ist die zunehmende Bedeutung von Kinderarmut in Deutschland zu nennen, wie in der Einleitung schon angedeutet wurde.

Diese Gründe haben das Team der Kinderstudie 2007 unter Prof. Dr. Klaus Hurrelmann und Prof. Dr. Sabine Andresen motiviert, „im Zeitraum von Mitte September bis Oktober 2009"[7] erneut eine Studie mit den folgenden Methoden ins Leben zu rufen: Eine repräsentative „Stichprobe von 2529 Kindern […] aus den alten und neuen Bundesländern"[8] wurde von Mitarbeitern des Institutes TNS Infratest Sozialforschung „persönlich-mündlich befragt"[9]. Zusätzlich wurden in einem Elternfragebogen „soziodemografische Basisinformationen zum Familienhintergrund des Kindes"[10] erhoben. Als letzte Methode wurden neben den genannten qualitativen Methoden zwölf „individuelle Fallstudien

---

[6] Vgl. http://www.worldvision-institut.de/kinderstudien_kinderstudie-2010.php
[7] World Vision e.V. 2010, S.34
[8] Ebd.
[9] Ebd.
[10] Schneekloth/Pupeter/Leven, S.374

mit Kindern im Alter von 6 bis 11 Jahren durchgeführt und anschließend als Portraits präsentiert"[11]. Den im späteren Verlauf der Arbeit verwendeten Daten liegt dabei vor allem folgende Methode zu Grunde: In Verbindung mit dem Capability Approach, welcher sich, wie unten beschrieben, in der vorliegenden Fassung unter anderem mit Kriterien für ein „gutes Leben"[12] beschäftigt, sollten die befragten Kinder fünf dieser Kriterien aus subjektiver Sicht aufmalen[13].

Daraus ergibt sich insgesamt ein multimethodisches Verfahren[14], welchem eine Vielfalt an Informationen über die subjektive Sicht der Lebenswelt der Kinder, die objektive Bewertung der Lebensqualität[15] und viele andere Themen zu entziehen ist, wobei diese Arbeit wie schon angedeutet nur wenige Teilaspekte herausgreifen und bewerten soll.

3 Der Capability Approach – Kriterien für ein gutes Leben

Die Auswahl der in der vorliegenden Arbeit behandelten und bewerteten Daten und Ergebnisse der World Vision Kinderstudie 2010 ergibt sich aus dem im Folgenden beschriebenen Ansatz: Dem „Capability Approach"[16]. Zunächst soll die Herkunft und Gestalt zumindest einer Form des Ansatzes kurz beschrieben werden.

Vor allem von Amartya Sen wurde der „Capability Approach"[17] orientiert an zwei Theorien entwickelt: Der utilitaristisch geprägten Wohlfahrtökonomie und der Messung von Ressourcen als Maßstab für Lebensverwirklichungschancen[18]. Gleichzeitig kritisiert Sen die beiden Theorien[19] aus hier nicht aufgeführten Gründen und betont in seiner eigenen

---

[11] World Vision e.V. 2010, S.34
[12] Hurrelmann/Andresen/Fegter 2010, S.53
[13] Vgl. Schroeder/Picot/Andresen 2010, S.239f.
[14] Vgl. Schneekloth/Pupeter/Leven 2010, S.373
[15] Vgl. Ebd.
[16] Hurrelmann/Andresen/Fegter 2010, S.50
[17] Robeyns 2003, S.8
[18] Vgl. Leßmann 2006, S.34f.
[19] Vgl. Ebd. S.34

Theorie die „Verschiedenartigkeit der Menschen"[20]. Der Ansatz konzentriert sich auf die Erfassung von Fähigkeiten, die durch die Verfügbarkeit bestimmter Ressourcen einer Person schon erlernt wurden oder noch erlernt werden können, auf Daseinsformen und mögliche erreichbare Daseinsformen von Einzelpersonen[21]. Das bedeutet die Befragung von Menschen, um herauszufinden, was sie können, welche Kulturtechniken sie bereits erlernt haben, über welches Maß an Freiheit sie verfügen und wie die Qualität ihrer Möglichkeiten einzuschätzen ist[22], um daraus einen Rückschluss auf ihr Wohlbefinden zu bilden. Amartya Sen unterscheidet dabei zwischen den „funtionings"[23], den Fähigkeiten, und dem „capability set"[24], den Verwirklichungschancen, einem Bündel aus für die befragte Person noch erreichbaren Lebenssituationen[25].

Näher soll an dieser Stelle nicht auf die Struktur dieser ursprünglichen Ausprägung des Capability Approach eingegangen werden, denn in der World Vision Kinderstudie und somit auch in der vorliegenden Arbeit wird eine Weiterentwicklung des Ansatzes verwendet. Martha Nussbaum fügt dem Capability Approach von Amartya Sen, orientiert an „der aristotelischen Philosophie"[26] und ergänzt durch die „liberale[n] Gerechtigkeitstheorie von John Rawls"[27], eine Liste hinzu. Diese Liste zählt zehn Faktoren auf, mit Hilfe derer eine Person ein „gutes Leben"[28] führen kann. Außerdem definiert Nussbaum die Begriffe „capability" und „function" neu zu „Fähigkeit" und „Maß der Ausschöpfung einer Fähigkeit"[29]. Schließlich unterscheidet Nussbaum zwischen grundlegenden, internen und externen Fähigkeiten und stellt zwei Fähigkeiten als zentral dar: „practical reasoning"[30], die praktische Vernunft, und „affiliation"[31], das

---

[20] Ebd. S.34
[21] Vgl.Hurrelmann/Andresen/Fegter 2010, S.50f.
[22] Vgl. ebd., S.50; vgl. Leßmann 2006, S.34f.
[23] Leßmann 2006, S.34
[24] Ebd.
[25] Vgl. ebd.
[26] Hurrelmann/Andresen/Fegter 2010, S.51
[27] Ebd.
[28] Ebd., S.53
[29] Leßmann 2006, S.35
[30] Ebd.
[31] Ebd.

Gemeinschaftsgefühl[32]. Diese Unterscheidungen sollen in der vorliegenden Arbeit nicht explizit miteinbezogen werden. Um den Rahmen nicht zu sprengen, wird im folgenden Kapitel exemplarisch auf die folgenden Befähigungen der oben genannten Liste eingegangen:

„2. Gesundheit insbesondere als Ernährung, Wohnen, Sexualität und Mobilität;

[...]

5. Bindungen zu Dingen und Personen einzugehen, zu lieben, zu trauern, Sehnsucht und Dankbarkeit zu empfinden;

6. sich Vorstellungen vom Guten zu machen und kritisch über die eigene Lebensplanung nachzudenken;

7. für andere und bezogen auf andere zu leben, verschieden Formen familiärer und sozialer Bindungen einzugehen;

[...]

10. das eigene Leben und nicht das eines anderen zu leben; die Fähigkeit, sein eigenes Leben in seiner eigenen Umgebung und seinem eigenen Kontext zu leben"[33].

Das Erlernen dieser Fähigkeiten benötigt beispielsweise Fürsorge, die Bereitstellung von Ressourcen und eine adäquate Erziehung für jedes Kind[34]. Die Erforschung des Vorhandenseins dieser und weiterer Bedingungen ist ein Teil des nächsten Kapitels. Zwar wurde die beschriebene Liste schon in anderen Studien, beispielsweise der Bepanthen-Kinderstudie, verwendet und operationalisiert[35]. Da diese Ausarbeitung nur exemplarisch auf einen kleinen Ausschnitt von Martha Nussbaums Kriterien für ein gutes Leben eingeht, und da aus Platzgründen auf den aufwendigen Vorgang einer Umsetzung der Liste in kindgerechte Indikatoren verzichtet werden muss, bleibt die Operationalisierung an dieser Stelle aus.

---

[32] Ebd., S.35f.
[33] Hurrelmann/Andresen/Fegter 2010, S.51; Vgl. Nussbaum 2000
[34] Vgl. Hurrelmann/Andresen/Fegter 2010, S.51f.
[35] Vgl. Anresen/Fegter 2009; Hurrelmann/Andresen/Fegter 2010, S.52f.

4 Ein Abgleich der Kriterien von Martha Nussbaum mit den realen Verhältnissen der Kinder

Im weiteren Verlauf werden die einzelnen Punkte der oben genannten Liste mit leichten Einschränkungen mit den in der World Vision Kinderstudie 2010 erhobenen Daten abgeglichen, um die jeweils genannten Thesen auszuführen. Die relevanten Grafiken sollen dabei beschrieben sowie unter Einbezug der angesprochenen Kriterien bewertet werden. An dieser Stelle soll noch einmal auf die in der Einleitung formulierten Prämissen verwiesen sein, welche für den folgenden Abschnitt von elementarer Bedeutung sind.

4.1 Die schichtbezogene Herkunft beeinflusst die Vorstellung des zukünftigen Lebens der Kinder

Die erste These soll am Beispiel des angestrebten Schulabschlusses der Kinder verglichen mit dem tatsächlichen Abschluss der Eltern verdeutlicht werden. Die Schule an sich ist ein wichtiger Teil der Lebenswelt der Kinder, wie die World Vision Kinderstudie 2010 beispielsweise in den im qualitativen Teil der Studie verwendeten Zeitachsen verdeutlicht[36]. Daraus lässt sich schließen, dass der angestrebte Schulabschluss ein wichtiger Teil der Lebensplanung und der Zukunftsvorstellungen der Kinder ist. In der Liste von Martha Nussbaum nennt der sechste Punkt die Fähigkeit, „kritisch über die eigene Lebensplanung nachzudenken"[37].

Ein Argument, diese These als erstes zu bearbeiten, wird im folgenden offensichtlich. Die vorliegende Arbeit unterteilt ihre Beurteilung der Daten nach Schichtzugehörigkeit. Die Zusammensetzung der Schichten ergibt sich in der World Vision Kinderstudie 2010 vor allem aus dem Bildungshintergrund der Eltern[38]. Demnach gilt folgende Charakterisierung: „Die Zugehörigkeit zur untersten Herkunftsschicht (Unterschicht) bedeutet,

---

[36] Vgl. Schroeder/Picot/Andresen 2010, S.239
[37] Hurrelmann/Andresen/Fegter 2010, S.51
[38] Vgl. Schneekloth/Pupeter 2010a, S.75

dass in so gut wie allen Fällen beide Elternteile […] maximal über einen Hauptschulabschluss verfügen"[39]. In der unteren Mittelschicht steigt der Anteil der Eltern mit einem höheren Abschluss von etwa zwei auf etwa 35 Prozent an. Der Anteil derer mit einem Realschulabschluss oder einer mittleren Reife ist in der Mittelschicht mehrheitlich, der Anteil der Eltern mit Abitur in der oberen Mittelschicht und der Oberschicht mit bis zu 89 Prozent bei den Vätern mit Abitur charakteristisch[40].

Um die These, dass der Schulabschluss der Eltern die Vorstellung der Kinder maßgeblich prägt, zumindest theoretisch zu belegen, sollte sich der angestrebte Abschluss der Kinder mit dem tatsächlichen Abschluss der Eltern decken. Die folgenden Daten sprechen für diese Annahme: Die Kinder aus Haushalten der Unterschicht streben zu 81 Prozent kein Abitur an. Über 70 Prozent in der unteren Mittelschicht, 55 Prozent in der Mittelschicht, 36 Prozent in der oberen Mittelschicht und 24 Prozent in der Oberschicht verlagert sich dieser Anteil. Im zuletzt genannten Teil der Gesellschaft streben über drei Viertel der Kinder das Abitur an, gegenüber weniger als einem Fünftel in der Unterschicht.[41]

4.2 Die Kinder haben eine Vorstellung von einem „guten Leben", die sich mit den von Martha Nussbaum aufgestellten Kriterien deckt

Diese These schließt den qualitativen Teil der World Vision Kinderstudie mit ein: In den zwölf Portraits der Kinder wird deutlich, dass die sechs- bis elfjährigen Kinder eine Vorstellung von einem guten Leben haben, und auch, wie diese sich gestaltet. Mit Hilfe der im zweiten Kapitel beschriebenen Methode des Aufzeichnens konnte folgendes erforscht werden: Die fünf Gegenstände, welche die Kinder malten, glichen in ihrer Aussage den von Martha Nussbaum genannten Kriterien zumindest zu einem großen Teil.

---

[39] Ebd.
[40] Vgl. ebd.
[41] Vgl. ebd., S.76

Drei der in den qualitativen Befragungen der Kinder angefertigten Zeichnungen sollen im Folgenden aufgezählt und bewertet werden. Die sechsjährige Cora malte eine Banane, eine S-Bahn, ein Bett, ein Haus mit großen Fenstern und eine Lampe[42]. Die fünf wichtigsten Gegenstände des neun Jahre alten Hannes sind eine Familie, Geld, Kleidung, ein Heim und ein Auto[43]. Der elfjährige Michael schließlich zeichnete eine Banane, ein Glas Wasser, ein Haus, ein Spielzeug und einen Freund[44]. Da die Aufzählungen der anderen Kinder sich ähnlich gestalteten, sollen sie hier nicht im Einzelnen aufgeführt werden. Denn schon an drei Zeichnungen lassen sich gemeinsame, auffällige Elemente erkennen, die fast genau so den Kriterien von Martha Nussbaum entsprechen: Die Wichtigkeit einer ausreichenden und gesunden „Ernährung"[45] wurde durch eine Banane oder ein Glas Wasser dargestellt. Die Notwendigkeit von Mobilität[46] zeigt sich in der Darstellung von Autos oder einer S-Bahn, was von den Kindern sogar damit begründet wurde, entfernt wohnende Eltern selbstständig besuchen zu können[47]. Zusammen mit einer geeigneten Wohnung, welchen von den Kindern als Haus oder Heim dargestellt wurde[48], entsprechen die Vorstellungen der Kinder bezüglich dieser Kriterien dem zweiten Punkt der genannten Liste[49]. Zusätzlich wurde von den Kindern noch die Familie und Freunde als elementare Kriterien für ein gutes Leben anerkannt[50]. Das entspricht dem fünften und dem siebten Punkt von Martha Nussbaum[51].

Es lässt sich schließlich zumindest exemplarisch feststellen, dass es eine Übereinstimmung gibt zwischen den Kriterien von Martha Nussbaum und denen der Kinder. Worauf in diesem Abschnitt im Gegensatz zu der vorausgehenden und den beiden nachfolgenden Thesen nicht eingegangen

---

[42] World Vision e.V., S.259
[43] Ebd., S.304
[44] Ebd., S.340
[45] Hurrelmann/Andresen/Fegter 2010, S.51
[46] Ebd.
[47] Vgl. World Vision e.V., S.259; vgl. ebd., S.304
[48] Vgl. ebd.
[49] Hurrelmann/Andresen/Fegter 2010, S.51
[50] Vgl. Schroeder/Picot/Andresen 2010, 239f.; World Vision e.V. 2010, S.304; ebd., S.340
[51] Vgl. Hurrelmann/Andresen/Fegter 2010, S.51

wurde, ist die Schichtproblematik. Dennoch wurde hier ein weiterer Grund gezeigt, warum der Ansatz von Martha Nussbaum gut geeignet ist für die vorliegende Betrachtung.

4.3 Die Schichtzugehörigkeit beeinflusst die Wohnbedingungen, die Mobilität und die Ernährung der Kinder

Der zweite Punkt der Liste von Martha Nussbaum nennt „Sexualität"[52] als ein Kriterium für ein gutes Leben. Da dieser Aspekt in der Studie nicht untersucht wurde, und hier auch keine Rolle spielt, wird er in der folgenden Ausführung weggelassen.

Bei der Wohnsituation der Kinder lässt sich folgendes feststellen: Die Verteilung von Eigentums- und Mietwohnungen ist stark von der Schichtzugehörigkeit abhängig. Während 93 Prozent der Unterschicht und 67 Prozent der unteren Mittelschicht eine Wohnung mieten, nennen 59 Prozent der oberen Mittelschicht und 96 Prozent der Oberschicht eine Wohnung ihr Eigentum[53]. Dieser direkte Einfluss der finanzabhängigen Schichtzugehörigkeit spiegelt sich indirekt in der Mobilität wieder: Auch wenn 70 Prozent der befragten Kinder angeben, sie hätten „genügend Geld für alles"[54] Nötige, geben beispielsweise sieben Prozent an, sie könnten aus Geldmangel nicht in den Urlaub fahren. Weitere drei Prozent sagen aus, sie könnten aufgrund der Armut in ihrer Familie nicht ins Freibad oder ins Kino gehen[55]. Daraus lässt sich eine Einschränkung der Mobilität der Kinder durch Armut ableiten. Ein weiteres Beispiel für mangelnde Mobilität bei Kindern der unteren Schichten ist der Zugang zu einem Internetanschluss. Während nur 41 Prozent der Kinder der Unterschicht freien Zugang haben, sind mit 63 Prozent die Mehrheit der Kinder der Oberschicht uneingeschränkt in diesem Punkt[56].

---

[52] Hurrelmann/Andresen/Fegter 2010, S.51; Vgl. Nussbaum 2000
[53] Schneekloth/Pupeter 2010a, S.76
[54] Ebd., S.81
[55] Vgl. ebd.
[56] Vgl.

Bei der Ernährung lassen sich ähnliche Zusammenhänge aus den Grafiken erkennen: ein Prozent geben jeweils an, manchmal Lebensmittel von der Tafel zu beziehen, und manchmal hungrig in die Schule zu gehen[57]. Das ergibt einerseits eine schichtabhängig eingeschränkte Wahl der Ernährung der ärmeren Familien und teilweise sogar eine mangelhafte Ernährung.

Als Fazit der Betrachtung des zweiten Punktes der Liste von Martha Nussbaum kann eine schichtabhängige Ausprägung der Kriterien Wohnsituation, Mobilität und Ernährung festgehalten werden. Als weiterer Faktor für die Mobilität der Kinder ist die gewährte Freiheit zu nennen, welche bei der Ausarbeitung der nächsten These eine wichtige Rolle spielt.

4.4 Die schichtbezogene Herkunft beeinflusst das subjektive Empfinden von Selbstwirksamkeit und Selbstbestimmtheit

Das zehnte Kriterium für ein gutes Leben ist die Fähigkeit, das eigene Leben bestimmen zu können, und die Umgebung beeinflussen zu können. An dieser Stelle soll diese Fähigkeit mit den Begriffen Selbstwirksamkeit und Selbstbestimmtheit beschrieben werden, denn die Messung der subjektiven Empfindung dieser Größen war ein Teil der World Vision Kinderstudie 2010. Im Nachfolgenden soll, bevor die Daten im Einzelnen betrachtet werden, argumentativ dargelegt werden, warum diese letzte These sich in ihrer Ausführung nur auf die Selbstwirksamkeit der Kinder beschränkt.

Die Voraussetzungen für ein selbstbestimmtes Leben führen wieder zu dem Kriterium der Mobilität, und somit zu der den Kindern gewährten Freiheit, aber auch zur von den Eltern geleisteten Erziehung. Denn nur durch eine entsprechende Erziehung kann ein Kind überhaupt den Mut finden, sich frei zu bewegen[58]. Es gilt nun also zu ermitteln, inwiefern sich die Kinder in den einzelnen Schichten frei bewegen können und ob die

---

[57] Vgl. Leven/Schneekloth 2010a, S.125
[58] Vgl. Schneekloth/Pupeter 2010b, S.188ff.; Bangert/Schirrmacher 2010, S.88

jeweilige Erziehung sie dazu befähigt. Letztere beiden Aspekte begründen sich auf Vertrauen in das eigene Handeln der Kinder. Dieses Vertrauen ist wiederum durch das Erfahren von Selbstwirksamkeit herzustellen[59]. Die vorliegende These lässt sich folglich exemplarisch belegen durch die schichtbezogene Betrachtung des subjektiven Empfindens der Selbstwirksamkeit. Exemplarisch, da es sicherlich weitere, wichtige Faktoren gibt, diese werden hier jedoch nicht betrachtet, und da nur die Daten der untersten und der obersten Gesellschaftsschicht untersucht werden.

In der folgenden Beschreibung statistischer Daten wurden vier Grafiken verwendet, welche sich auf den Seiten 199, 202, 208 und 218 des von Ulrich Schneekloth und Monika Pupeter verfassten Kapitels „Wohlbefinden, Wertschätzung, Selbstwirksamkeit: Was Kinder für ein gutes Leben brauchen"[60] im sechsten Teil der World Vision Kinderstudie 2010 nachschlagen lassen.

Die Oberschicht zeichnet sich durch vergleichsweise niedrigere Werte bei der Angst vor schlechten Schulnoten aus: 35 Prozent, die Unterschicht ist mit 59 Prozent vertreten. Diese Angst kann als eine Folge geringer erfahrener Selbstwirksamkeit angesehen werden. Die Mitbestimmung im Alltag weist nur bei der Wahl der Zahl der Freunde, welche die Kinder mit ins elterliche Heim bringen dürfen, mit 49 Prozent bei der Unterschicht und 42 Prozent der Kinder der Oberschicht, welche diese Zahl mitbestimmen dürfen, eine Ausnahme auf. Ansonsten sind die Kinder der Oberschicht häufiger beteiligt an der Mitbestimmung im Alltag: Bei der Entscheidung über Kleidung, über die Investition des Taschengeldes und über die familiäre Freizeitgestaltung verfügen sie mit 84, 77 und 83 Prozent über etwas höhere Werte gegenüber den 73, 73 und 58 Prozent der Kinder aus der untersten Schicht. Es lässt sich an dieser Stelle bereits eine Tendenz ablesen: Kinder der obersten Schicht haben mehr Möglichkeiten der Mitbestimmung als Kinder der untersten Schicht. Dieses Bild wird von der Wertschätzung der eigenen Meinung untermauert. Hier zeigt sich

---

[59] Vgl. Schneekloth/Pupeter 2010b, S.188ff.
[60] Schneekloth/Pupeter 2010b, S.187

schichtübergreifend, dass die Kinder ihre Meinung generell als von den Eltern nicht allzu wertgeschätzt sehen. Dennoch, in den Spalten der niedrigen und mittleren Wertschätzung durch die Eltern zeigen sich schichtspezifische Differenzen: Während die Kinder der Unterschicht sich mit 52 Prozent mehrheitlich für den Punkt „Eher wenig" entschieden, sind in der Oberschicht mit 48 Prozent knapp die Hälfte zumindest zuversichtlich, dass ihre Eltern ihrer Meinung eine mittlere Bedeutung schenken. Die letzte Grafik offenbart das subjektive Empfinden der Selbstwirksamkeit der Kinder eingeteilt in die sozialen Schicht, und bestätigt dabei die vorangegangenen Zahlen in ihrer Aussage: 50 Prozent der Kinder der Unterschicht ordnen ihre Möglichkeiten, auf ihre Umwelt einzuwirken, als eher gering ein. In der Oberschicht sehen das nur 20 Prozent der Kinder derart negativ. Als eher hoch betrachten dagegen 18 Prozent der Kinder aus der untersten und 45 Prozent der Kinder aus der obersten Schicht ihre Selbstwirksamkeit.

Aus den genannten Daten lässt sich der Schluss ziehen, dass die Zugehörigkeit der Eltern zu bestimmten Schichten, wie sie weiter oben schon charakterisiert wurden, einen Einfluss auf die tatsächliche und auf die subjektiv empfundene Selbstwirksamkeit der Kinder hat. Daraus ergibt sich anhand der aufgeführten Beispiele mit Hilfe der vorausgegangenen Argumentation ein eher geringes Vertrauen in die eigenen Handlungen bei Kindern der unteren Gesellschaftsschichten und folglich eine Einschränkung der Fähigkeit, das „eigene Leben und nicht das eines anderen zu leben"[61].

5 Schluss

Im ersten Kapitel der vorliegenden Arbeit wurde kurz auf die World Vision Kinderstudie 2010 eingegangen. Dabei wurde neben der Zielsetzung auch zumindest die für diese Ausarbeitung relevante Methodik der Erhebung beschrieben. Um das Wohlbefinden der Kinder zu erforschen, wurden

---

[61] Hurrelmann/Andresen/Fegter 2010, S.51

sowohl quantitative als auch qualitative Methoden angewendet, und dabei ein vielschichtiger Datensatz mit Informationen zu Kindern, Eltern und Zusammenhängen erstellt. Als Teil der Gesamtstudie wurde der Capability Approach im zweiten Kapitel in seinen Grundzügen und durch Klärung der wichtigsten Begrifflichkeiten erläutert. Herausragend geprägt von Amartya Sen, weiterentwickelt von Martha Nussbaum stand eine Liste mit zehn Kriterien eines guten Lebens bereit, um die Daten der World Vision Kinderstudie 2010 unter einem Blickwinkel zu betrachten, der vier Sachverhalte aufdeckte: Zunächst wurde im vierten Kapitel dargelegt, inwiefern der Schulabschluss in der Lebensplanung der Kinder eine Rolle spielt. Anschließend wurde mit Hilfe des qualitativen Teils der Studie beleuchtet, wie sehr die Vorstellungen der Kinder einigen der zehn Kriterien Martha Nussbaums entsprechen. Auf drei derselben wurde eingegangen, um die schichtabhängige Lage der Kinder bezüglich Wohnraum, Mobilität und Ernährung knapp und beispielhaft zu skizzieren. Dabei und in der letzten These wurde erneut deutlich, wie sehr die Herkunftsschicht der Eltern die Kinder beeinflusst. Im letzten Punkt des vierten Kapitels wurde das anhand Verschiedener Grafiken zur Thematik der schichtspezifischen Selbstwirksamkeit der Kinder dargestellt, wie sich die Schichtzugehörigkeit auf die Fähigkeit, ein selbstbestimmtes Leben führen zu können, auswirkt. Schließlich lässt sich ein häufiger Einfluss des Bildungsabschlusses der Eltern und ihrer finanziellen Mittel auf die Entwicklung der kindlichen Fähigkeiten erkennen. Dieser Einfluss muss nicht grundsätzlich negativer Gestalt sein, bei der Betrachtung der untersten Gesellschaftsschichten zeichnet sich aber eine negative Tendenz ab.

Zum Schluss der Arbeit soll ein auch in der World Vision Kinderstudie ausführlicher beschriebener Gedanke geäußert werden, wie diesem Problem zumindest Teilweise entgegengewirkt werden kann. Angesichts der hohen Akzeptanz von schulischen Ganztagsangeboten[62] bietet es sich an, eine wissenschaftliche Untersuchung speziell zu dieser Thematik vorzunehmen und eine politische Diskussion einzuleiten, um eventuell die Bildungspolitik stärker auf die heutigen Bedürfnisse der

---

[62] Vgl. Leven/Schneekloth 2010b, S.166

Kinder zu lenken und verpflichtende Ganztagsschulen zu schaffen, wie es auch in der World Vision Kinderstudie 2010 angedeutet wird[63].

---

[63] Vgl. Hurrelmann/Andresen/Schneekloth 2010, S.365

6 Literaturverzeichnis

Andresen, Sabine/Fegter, Susann 2009: Spielräume sozial benachteiligter Kinder. Bepanthen-Kinderarmutsstudie. Leverkusen.

Bangert, Kurt/Schirrmacher, Thomas (Hrsg.) 2010: Kinderarmut in Deutschland und weltweit. Holzgerlingen.

Die World Vision Kinderstudie 2010. Online im Internet: http://www.worldvision-institut.de/kinderstudien_kinderstudie-2010.php, Zugriff vom 10.06.2011

Hurrelmann, Klaus/Andresen, Sabine/Fegter, Susann 2010: Wie geht es unseren Kindern? Wohlbefinden und Lebensbedingungen der Kinder in Deutschland. In: World Vision Deutschland e.V. (Hrsg.) 2010: Kinder in Deutschland 2010. 2. World Vision Kinderstudie. Frankfurt am Main. S.35 – 59

Hurrelmann, Klaus/Andresen, Sabine/Schneekloth, Ulrich 2010: Ungleiche Kindheiten in Deutschland – politische Herausforderungen. In: World Vision Deutschland e.V. (Hrsg.) 2010: Kinder in Deutschland 2010. 2. World Vision Kinderstudie. Frankfurt am Main. S.349 – 371

Leven, Ingo/Schneekloth, Ulrich 2010a: Die Freizeit: Sozial getrennte Kinderwelten. In: World Vision Deutschland e.V. (Hrsg.) 2010: Kinder in Deutschland 2010. 2. World Vision Kinderstudie. Frankfurt am Main. S.95 - 140

Leven, Ingo/Schneekloth, Ulrich 2010b: Die Schule: Frühe Vergabe von Lebenschancen. In: World Vision Deutschland e.V. (Hrsg.) 2010: Kinder in Deutschland 2010. 2. World Vision Kinderstudie. Frankfurt am Main. S.161 - 186

Leßmann, Ortrud 2006: Lebenslagen und Verwirklichungschancen (capability) – Verschiedene Wurzeln, ähnliche Konzepte. In: 30 DIW Berlin 2006: Vierteljahrshefte zur Wirtschaftsforschung 75, 1. Berlin. S.30 – 42

Nussbaum, Martha 2000: Women and Human Development. The Capabilities Approach. Cambridge.

Robeyns, Ingrid 2003: The Capability Approach: An Interdisciplinary Introduction. Amsterdam.

Sadlowski, Iris 2011: A Capability Approach Fit for Children. In: Leßmann, Ortrud/Otto, Hans-Uwe/Ziegler, Holger 2011: Closing the Capabilities Gap - Renegotiating Social Justice for the Young. Opladen. S.215 – 232

Schneekloth, Ulrich/Pupeter, Monika 2010a: Familie als Zentrum: Bunt und vielfältig, aber nicht für alle Kinder gleich verlässlich. In: World Vision Deutschland e.V. (Hrsg.) 2010: Kinder in Deutschland 2010. 2. World Vision Kinderstudie. Frankfurt am Main. S.61 – 93

Schneekloth, Ulrich/Pupeter, Monika 2010b: Wohlbefinden, Wertschätzung, Selbstwirksamkeit: Was Kinder für ein gutes Leben brauchen. In: World Vision Deutschland e.V. (Hrsg.) 2010: Kinder in Deutschland 2010. 2. World Vision Kinderstudie. Frankfurt am Main. S.187 – 221

Schneekloth, Ulrich/Pupeter, Monika/Leven, Ingo 2010: Die Methodik der 2. World Vision Kinderstudie. In: World Vision Deutschland e.V. (Hrsg.) 2010: Kinder in Deutschland 2010. 2. World Vision Kinderstudie. Frankfurt am Main. S.373 – 379

Schroeder, Daniel/Picot, Sibylle/Andresen, Sabine 2010: Methodisches Vorgehen und Eindrücke aus dem empirischen Material. In: World Vision Deutschland e.V. (Hrsg.) 2010: Kinder in Deutschland 2010. 2. World Vision Kinderstudie. Frankfurt am Main. S.223 - 240

Volkert, Jürgen/Wüst, Kirsten 2011: Early Childhood, Agency and Capability Deprivation – A Quantitative Analysis Using German Socio-Economic Panel Data. In: Leßmann, Ortrud/Otto, Hans-Uwe/Ziegler, Holger 2011: Closing the Capabilities Gap - Renegotiating Social Justice for the Young. Opladen. S.179 – 198

World Vision Deutschland e.V. (Hrsg.) 2010: Kinder in Deutschland 2010. 2. World Vision Kinderstudie. Frankfurt am Main.